Impressum
Verlag: BABADADA GmbH, Nedderfeld 112 , 22529 Hamburg
Geschäftsführer / Verlagsleitung: Harald Hof
Druck: Books on Demand GmbH, In de Tarpen 42, 22848 Norderstedt

Imprint
Publisher: BABADADA GmbH, Nedderfeld 112 , 22529 Hamburg, Germany
Managing Director / Publishing direction: Harald Hof
Print: Books on Demand GmbH, In de Tarpen 42, 22848 Norderstedt, Germany

escola

skola

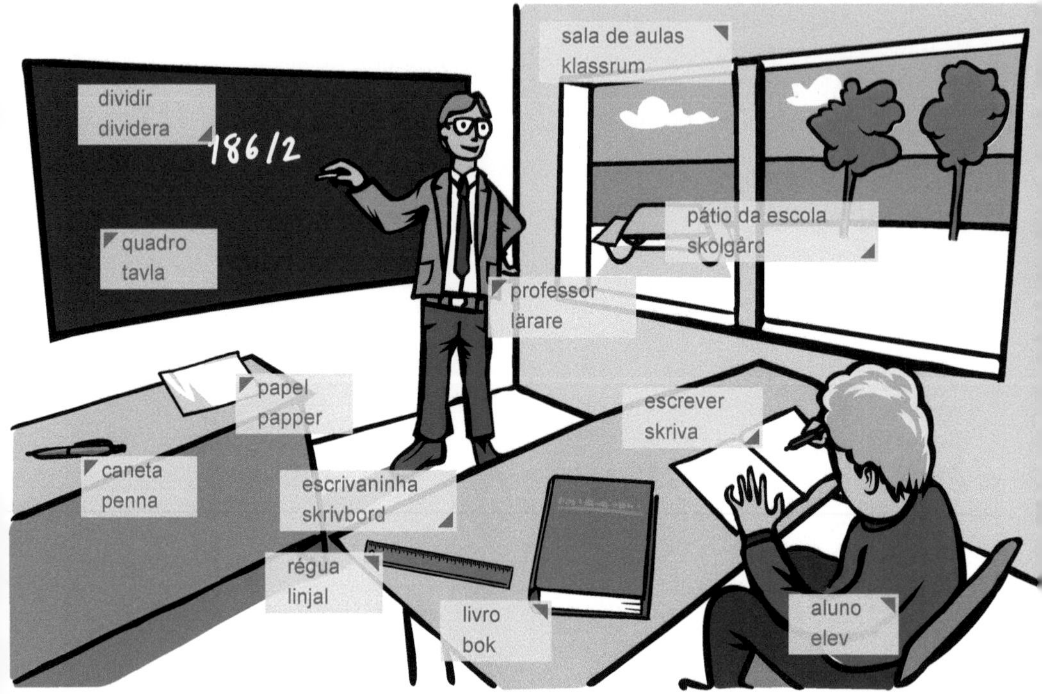

sala de aulas
klassrum
dividir
dividera
186/2
quadro
tavla
pátio da escola
skolgård
professor
lärare
papel
papper
escrever
skriva
caneta
penna
escrivaninha
skrivbord
régua
linjal
livro
bok
aluno
elev

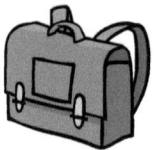

sacola
skolväska

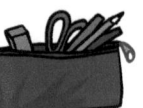

estojo de lápis
pennfodral

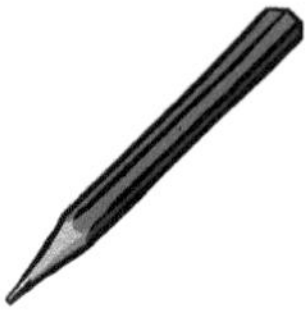

lápis
blyertspenna

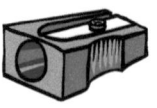

apontador de lápis
pennvässare

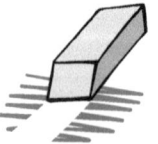

borracha
suddgummi

bloco de desenho
ritblock

desenho

teckning

pincel

pensel

estojo de tintas

målarlåda

tesoura

sax

cola

lim

livro de exercícios

övningsbok

lição de casa

hemläxa

número

tal

somar

addera

subtrair

subtrahera

multiplicar

multiplicera

calcular

räkna

letra

bokstav

alfabeto

alfabet

palavra

ord

texto

text

ler

läsa

giz

krita

hora

lektion

registro da classe

register

exame

prov

certificado

intyg

uniforme escolar

skoluniform

educação

utbildning

enciclopédia

uppslagsverk

universidade

universitet

microscópio

mikroskop

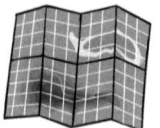

mapa

karta

cesto de lixo

papperskorg

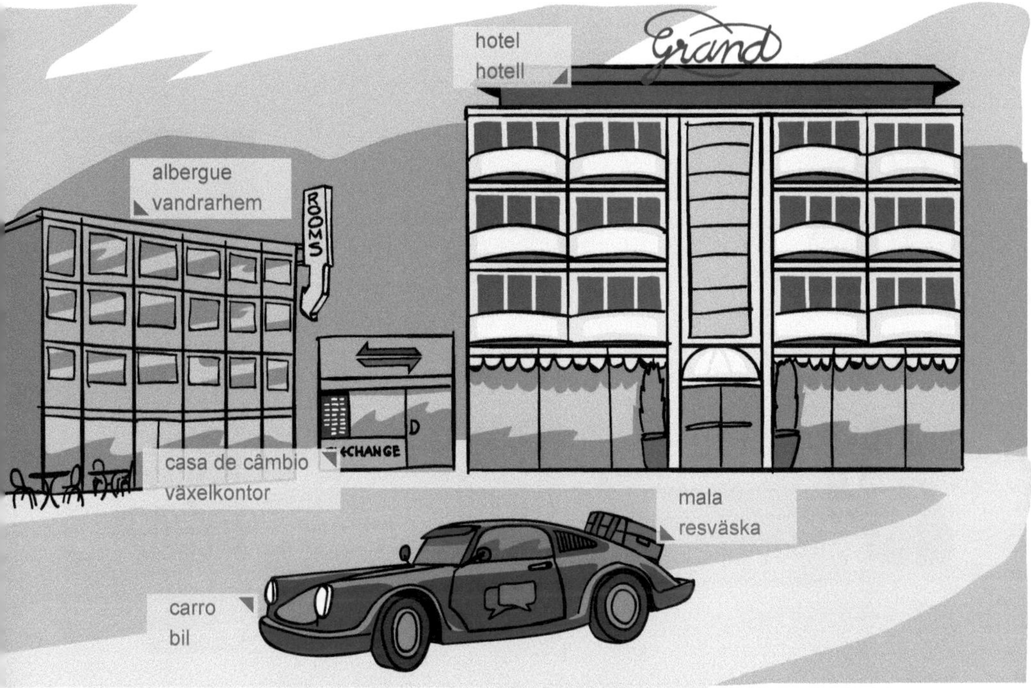

hotel
hotell
Grand
albergue
vandrarhem
ROOMS
EXCHANGE
casa de câmbio
växelkontor
mala
resväska
carro
bil

idioma

språk

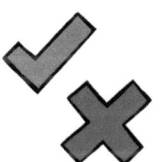

sim / não

ja / nej

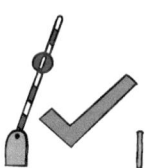

ok

Okay

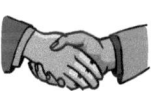

Olá

hej

tradutor

översättare

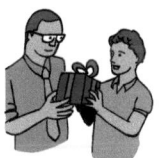

obrigado

Tack

quanto custa...?

hur mycket kostar...?

eu não entendo

jag förstår inte

problema

problem

boa noite!

God kväll!

Bom dia!

God morgon!

Boa noite!

God natt!

até logo

hejdå

direção

riktning

bagagem

bagage

bolsa

väska

mochila

ryggsäck

convidado

gäst

quarto

rum

saco de dormir

sovsäck

barraca

tält

informação turística

turistinformation

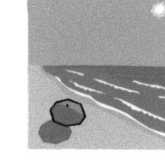

praia

strand

cartão de crédito

kreditkort

café da manhã

frukost

almoço

lunch

jantar

middag

bilhete

biljett

elevador

hiss

selo

frimärke

fronteira

gräns

alfândega

tull

embaixada

ambassad

visto

visum

passaporte

pass

transporte
transport

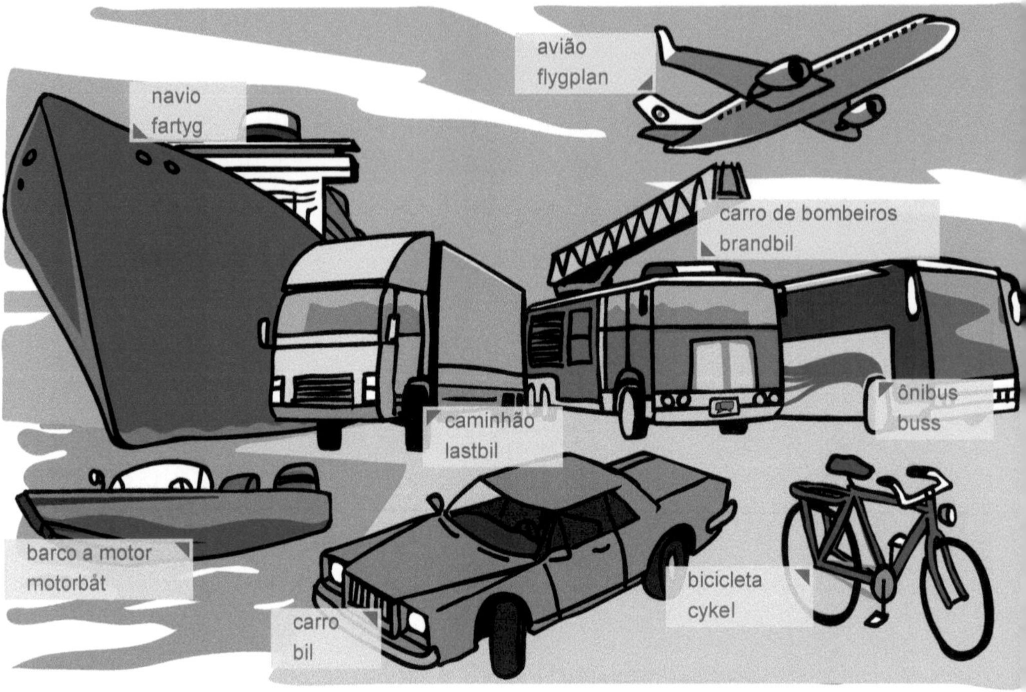

avião
flygplan
navio
fartyg
carro de bombeiros
brandbil
ônibus
buss
caminhão
lastbil
barco a motor
motorbåt
bicicleta
cykel
carro
bil

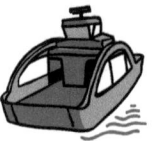

balsa

färja

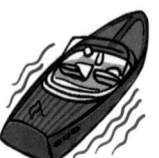

barco

båt

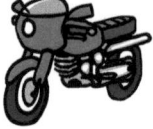

motocicleta

motorcykel

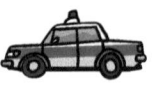

veículo policial

polisbil

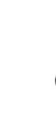

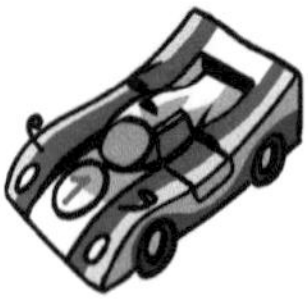

carro de corrida

racerbil

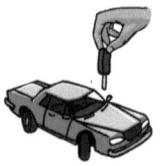

carro de aluguel

hyrbil

compartilhamento de
automóvel
bilpool

caminhão de reboque
bärgningsbil

caminhão de lixo
sopbil

motor
motor

combustível
bränsle

posto de gasolina
bensinstation

placa de trânsito
vägmärke

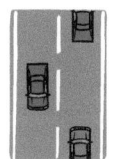

trânsito
trafik

trânsito lento
bilkö

estacionamento
parkeringsplats

estação de trem
tågstation

trilhos
räls

trem
tåg

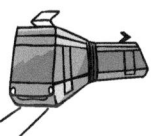

bonde
spårvagn

vagão
vagn

helicóptero

helikopter

aeroporto

flygplats

torre

torn

passageiro

passagerare

contêiner

container

cartolina

kartong

carroça

vagn

cesto

korg

decolar / pousar

starta / landa

cidade

stad

vilarejo

by

centro da cidade

centrum

casa

hus

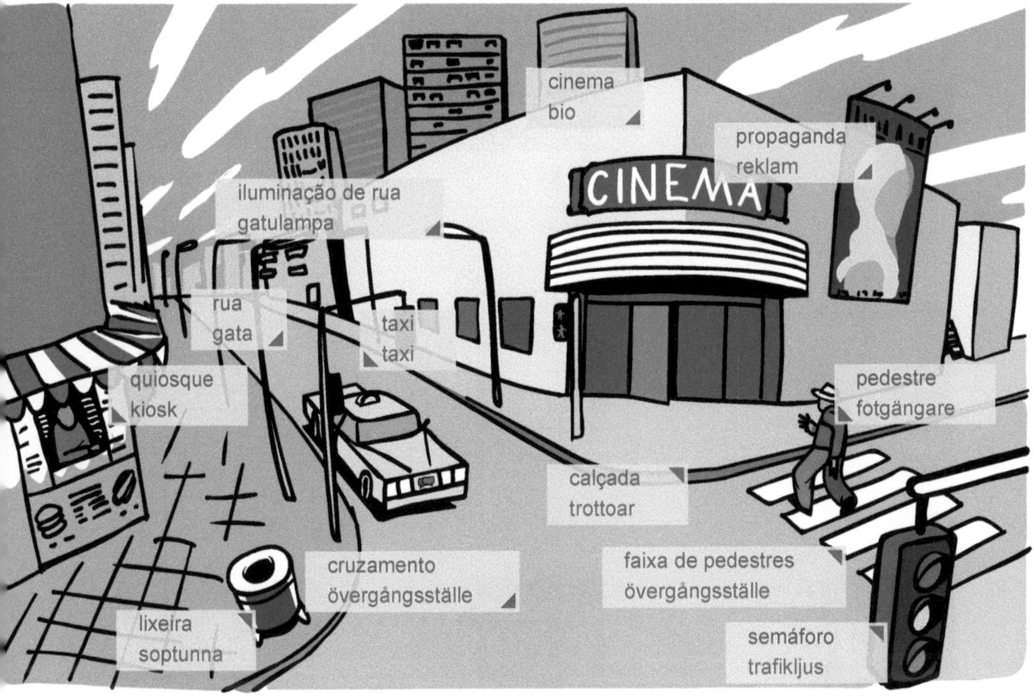
cinema
bio
propaganda
reklam
CINEMA
iluminação de rua
gatulampa
rua
gata
taxi
taxi
quiosque
kiosk
pedestre
fotgängare
calçada
trottoar
cruzamento
övergångsställe
faixa de pedestres
övergångsställe
lixeira
soptunna
semáforo
trafikljus

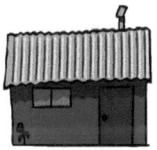

cabana
stuga

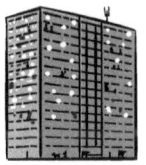

apartamento
lägenhet

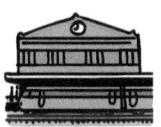

estação de trem
tågstation

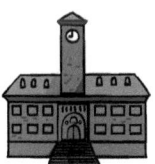

prefeitura
stadshus

MUSEUM

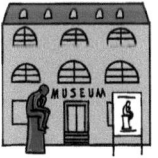

museu
museum

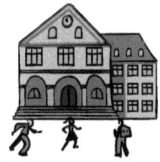

escola
skola

universidade

universitet

banco

bank

hospital

sjukhus

hotel

hotell

farmácia

apotek

escritório

kontor

livraria

bokhandel

loja

affär

floricultura

blomsterbutik

supermercado

stormarknad

mercado

marknad

loja de departamentos

varuhus

peixaria

fiskhandlare

centro comercial

köpcentrum

porto

hamn

parque

park

banco

bänk

ponte

brygga

escadas

trappa

metrô

tunnelbana

túnel

tunnel

ponto de ônibus

busshållplats

bar

bar

restaurante

restaurang

caixa de correspondência

brevlåda

placa de rua

gatuskylt

parquímetro

parkeringsautomat

zoológico

zoo

piscina

simbassäng

mesquita

moské

fazenda
bondgård

poluição
förorening

cemitério
kyrkogård

igreja
kyrka

parquinho
lekplats

templo
tempel

paisagem
landskap

folha
löv

placa de sinalização
vägskylt

caminho
väg

gramado
äng

pedra
sten

árvore
träd

caminhantes
liftare

rio
flod

grama
gräs

flor
blomma

vale

dal

montanha

kulle

lago

sjö

floresta

skog

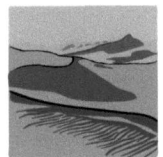

deserto

öken

vulcão

vulkan

castelo

slott

arco-íris

regnbåge

cogumelo

svamp

palmeira

palm

mosquito

mygga

mosca

fluga

formiga

myra

abelha

bi

aranha

spindel

besouro

skalbagge

sapo

groda

esquilo

ekorre

ouriço

igelkott

lebre

hare

coruja

uggla

pássaro

fågel

cisne

svan

javali

vildsvin

veado

rådjur

alce

älg

barragem

damm

aerogerador

vindkraftverk

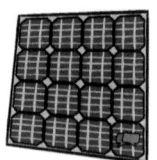

painel solar

solcellspanel

clima

klimat

restaurante
restaurang

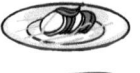

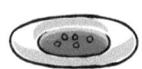

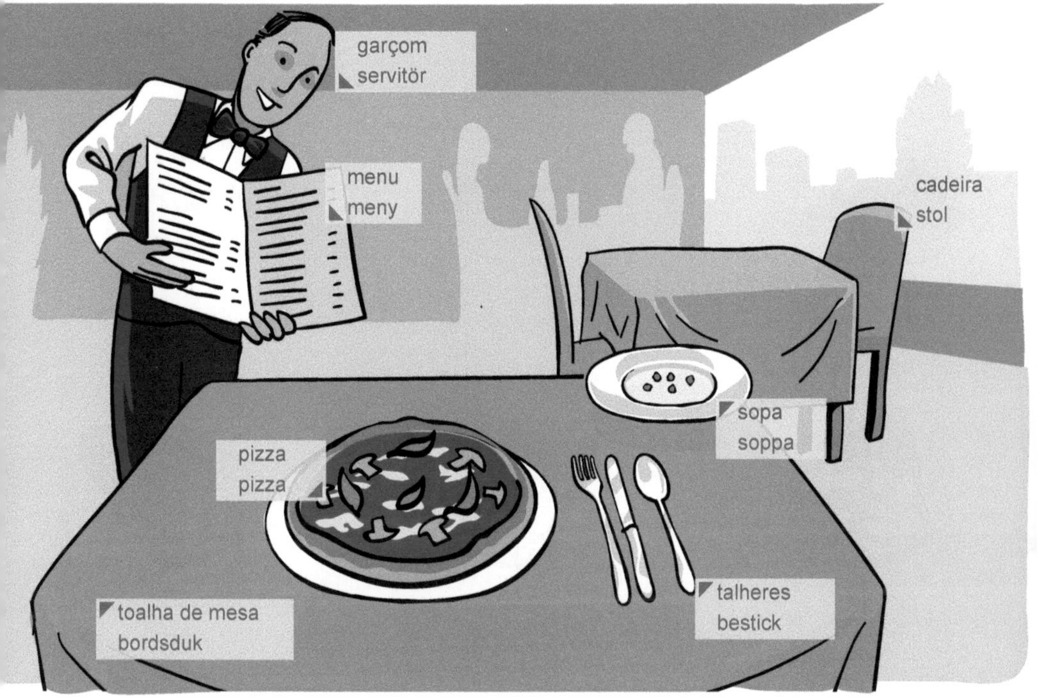
garçom
servitör
menu
meny
cadeira
stol
sopa
soppa
pizza
pizza
talheres
bestick
toalha de mesa
bordsduk

entrada
förrätt

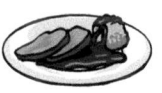

prato principal
huvudrätt

sobremesa
dessert

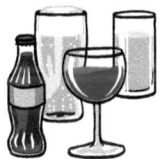

bebidas
drycker

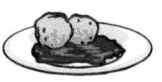

comida
mat

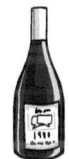

garrafa
flaska

fastfood

snabbmat

comida de rua

street food

bule de chá

tekanna

açucareiro

sockerskål

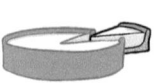

porção

portion

máquina de expresso

espressomaskin

cadeirão

barnstol

conta

räkning

bandeja

bricka

faca

kniv

garfo

gaffel

colher

sked

colher de chá

tesked

guardanapo

servett

copo

glas

prato
....
tallrik

prato de sopa
....
sopptallrik

pires
....
tefat

molho
....
sås

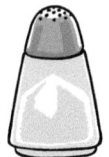

saleiro
....
saltkar

moedor de pimenta
....
pepparkvarn

vinagre
....
vinäger

óleo
....
olja

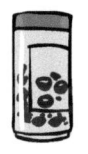

especiarias
....
kryddor

ketchup
....
ketchup

mostarda
....
senap

maionese
....
majonnäs

supermercado
stormarknad

oferta especial
specialerbjudande
FOR
cliente
kund
laticínios
mejeriprodukter
frutas
frukt
carrinho de compras
varukorg

BUTCHERS

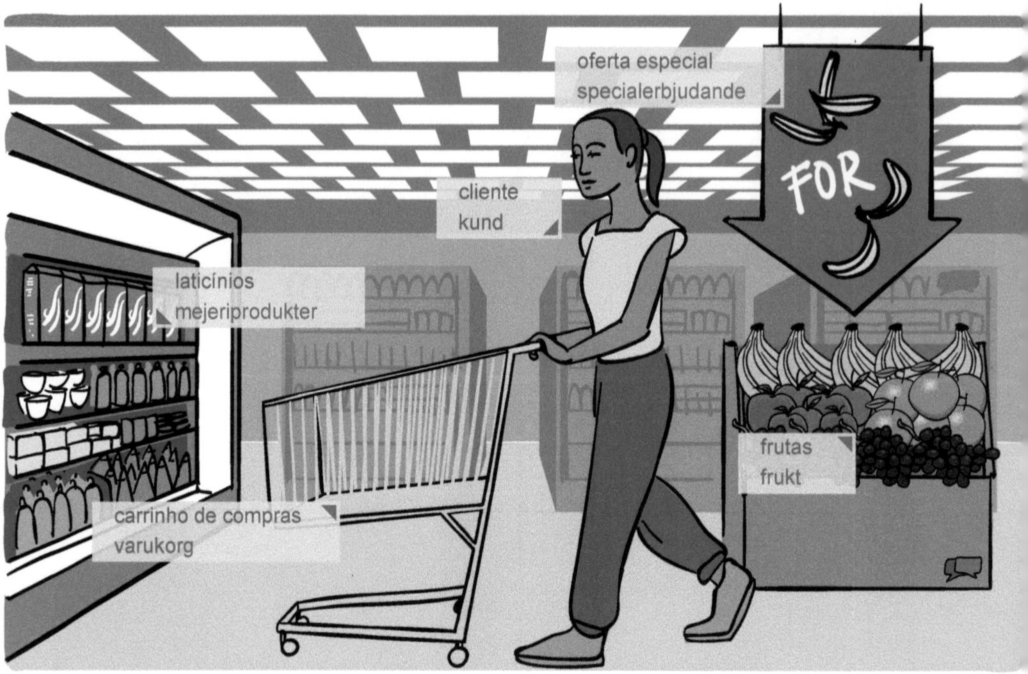

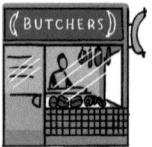

açougue

charkuteri

BAKERY

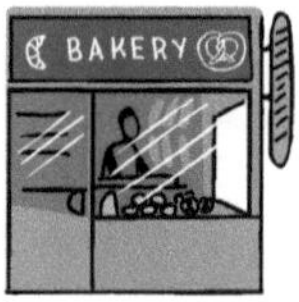

padaria

bageri

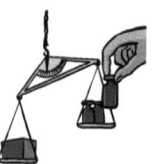

pesar

väga

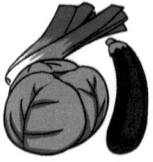

legumes

grönsaker

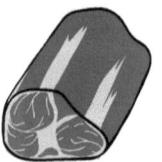

carne

kött

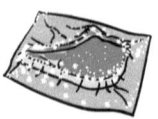

congelados

frysta livsmedel

charcutaria

pålägg

conservas

konserver

detergente em pó

tvättmedel

doces

godis

artigos domésticos

hushållsprodukter

produtos de limpeza

rengöringsmedel

vendedora

försäljare

caixa

kassa

caixa

kassör

lista de compras

inköpslista

horário de funcionamento

öppettider

carteira

plånbok

cartão de crédito

kreditkort

sacola

väska

saco plástico

plastpåse

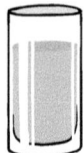

água
vatten

suco
juice

leite
mjölk

coca-cola
cola

vinho
vin

cerveja
öl

álcool
alkohol

cacau
kakao

chá
te

café
kaffe

expresso
espresso

cappuccino
cappuccino

banana
banan

maçã
äpple

laranja
apelsin

melão
melon

limão
citron

cenoura
morot

alho
vitlök

bambu
bambu

cebola
lök

cogumelo
svamp

nozes
nötter

macarrão
nudlar

espaguete

spaghetti

arroz

ris

salada

sallad

batatas fritas

pommes frites

batatas frias

stekt potatis

pizza

pizza

hambúrger

hamburgare

sanduíche

smörgås

escalope

schnitzel

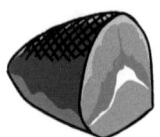

presunto

skinka

salame

salami

salsicha

korv

galinha

kyckling

assado

stek

peixe

fisk

flocos de aveia
havregryn

granola
müsli

flocos de milho
cornflakes

farinha
mjöl

croissant
croissant

pãozinho
fralla

pão
bröd

torrada
rostat bröd

biscoitos
kex

manteiga
smör

requeijão
kvarg

bolo
kaka

ovo
ägg

ovo frito
stekt ägg

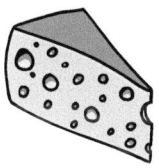

queijo
ost

sorvete

glass

açúcar

socker

mel

honung

geleia

sylt

creme de avelãs

nougatkräm

curry

curry

fazenda
bondgård

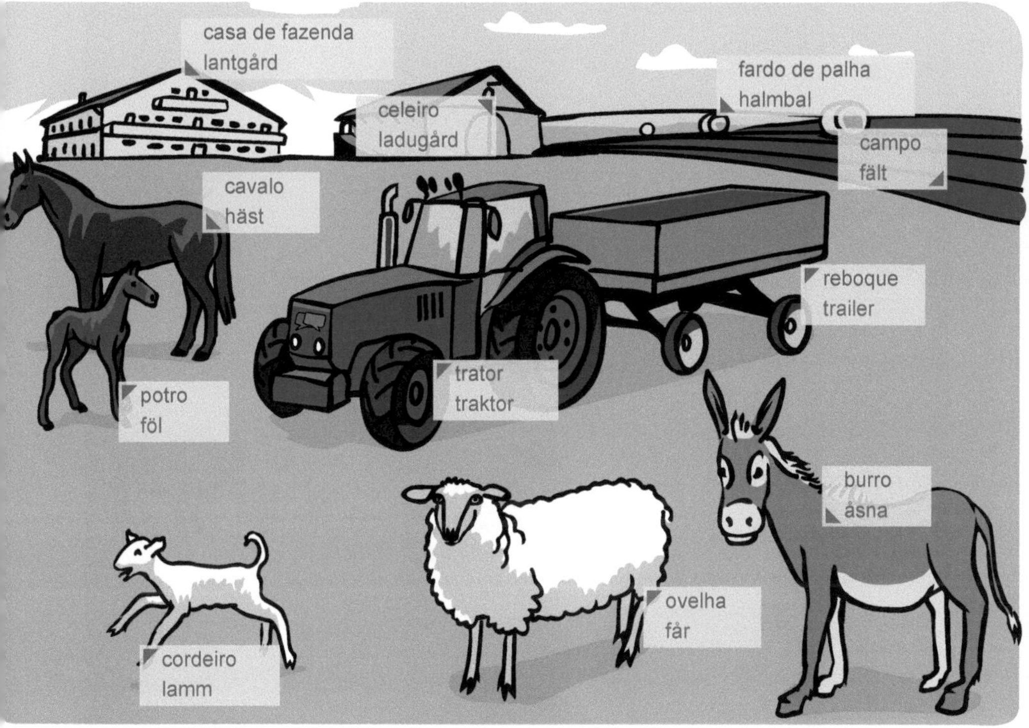
casa de fazenda
lantgård
celeiro
ladugård
fardo de palha
halmbal
campo
fält
cavalo
häst
reboque
trailer
trator
traktor
potro
föl
burro
åsna
ovelha
får
cordeiro
lamm

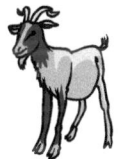

cabra
get

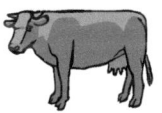

vaca
ko

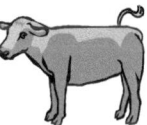

bezerro
kalv

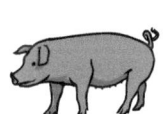

porco
gris

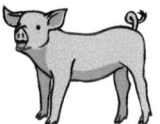

leitão
griskulting

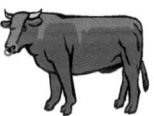

touro
tjur

ganso
gås

pato
anka

pintinho
kyckling

galinha
höna

galo
tupp

ratazana
råtta

gato
katt

camundongo
mus

boi
oxe

cachorro
hund

casinha do cachorro
hundkoja

mangueira de jardim
trädgårdsslang

regador
vattenkanna

foice
lie

arado
plog

foice

skära

enxada

hacka

forquilha

högaffel

machado

yxa

carrinho de mão

skottkärra

manjedoura

tråg

jarra de leite

mjölkflaska

saco

säck

cerca

staket

estábulo

stall

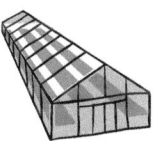

estufa

växthus

solo

jord

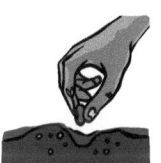

semente

säd

fertilizante

gödsel

colheitadeira

skördetröska

colher

skörda

colheita

skörd

inhame

jams

trigo

vete

soja

soja

batata

potatis

milho

majs

colza

raps

árvore frutífera

fruktträd

mandioca

maniok

cereais

spannmål

fazenda - bondgård

casa
hus

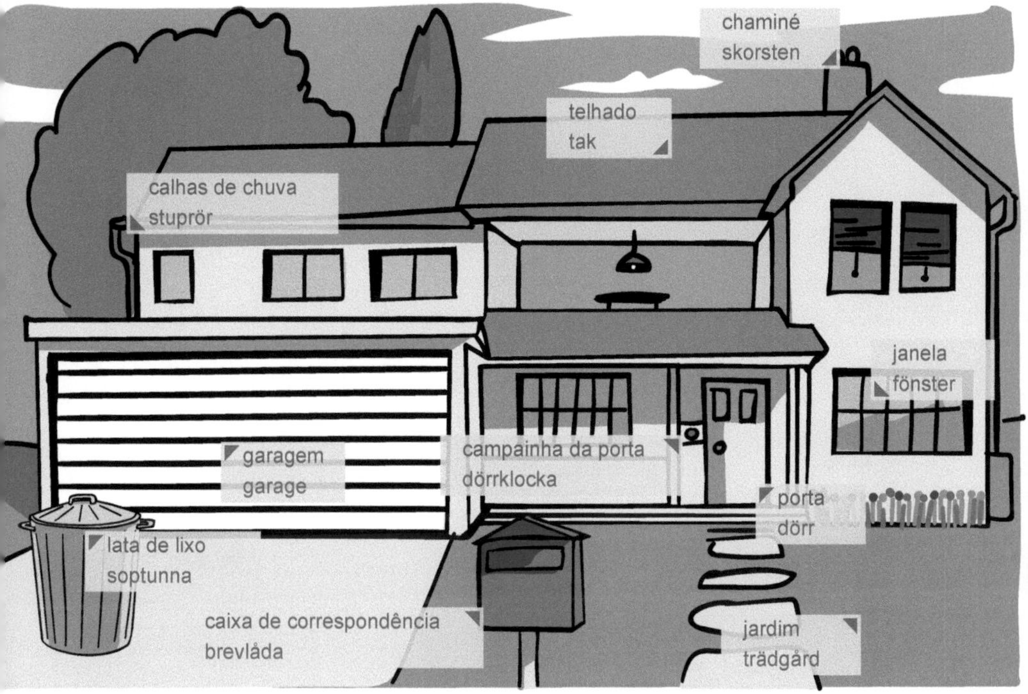
chaminé
skorsten
telhado
tak
calhas de chuva
stuprör
janela
fönster
garagem
garage
campainha da porta
dörrklocka
porta
dörr
lata de lixo
soptunna
caixa de correspondência
brevlåda
jardim
trädgård

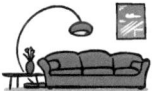

sala de estar
vardagsrum

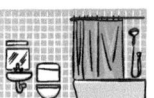

banheiro
badrum

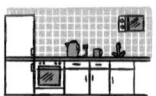

cozinha
kök

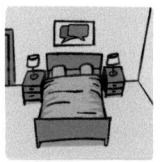

quarto de dormir
sovrum

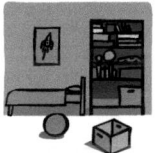

quarto de criança
barnrum

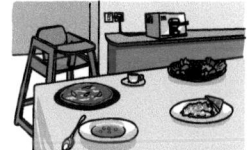

sala de jantar
matsal

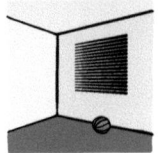

chão
golv

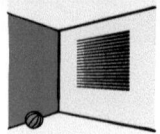

parede
vägg

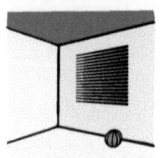

teto
tak

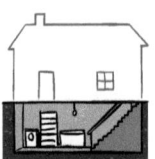

porão
källare

sauna
bastu

varanda
balkong

terraço
terrass

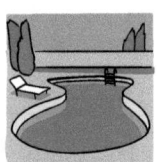

piscina
bassäng

cortador de grama
gräsklippare

lençol
lakan

coberta
överkast

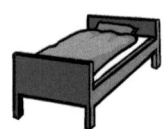

cama
säng

vassoura
kvast

balde
hink

interruptor
strömbrytare

sala de estar

vardagsrum

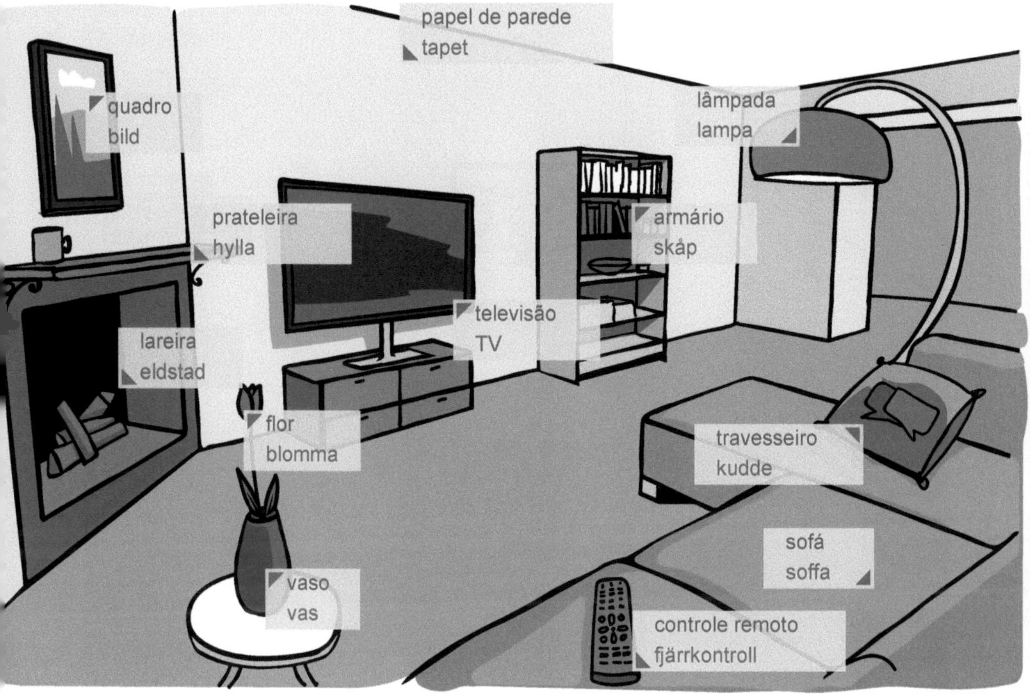
papel de parede
tapet
quadro
bild
lâmpada
lampa
prateleira
hylla
armário
skåp
televisão
TV
lareira
eldstad
flor
blomma
travesseiro
kudde
sofá
soffa
vaso
vas
controle remoto
fjärrkontroll

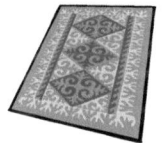

tapete
matta

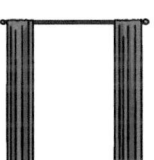

cortina
gardin

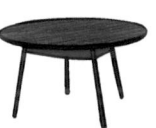

mesa
bord

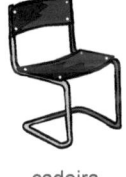

cadeira
stol

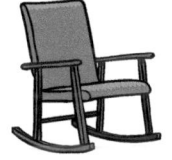

cadeira de balanço
gungstol

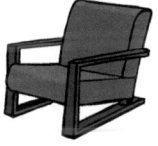

poltrona
fåtölj

livro

bok

cobertor

filt

decoração

dekoration

lenha

vedträ

filme

film

equipamento de som

stereoanläggning

chave

nyckel

jornal

dagstidning

pintura

målning

pôster

poster

rádio

radio

bloco de notas

anteckningsbok

aspirador

dammsugare

cacto

kaktus

vela

stearinljus

cozinha
kök

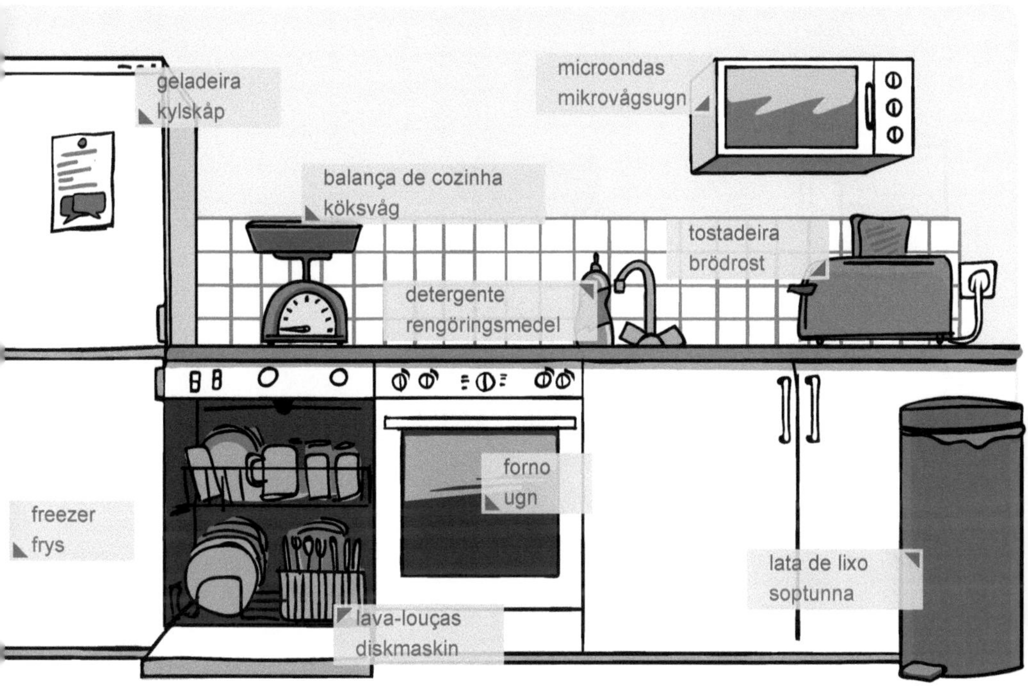

geladeira
kylskåp
microondas
mikrovågsugn
balança de cozinha
köksvåg
tostadeira
brödrost
detergente
rengöringsmedel
forno
ugn
freezer
frys
lata de lixo
soptunna
lava-louças
diskmaskin

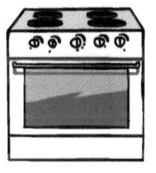

fogão
spis

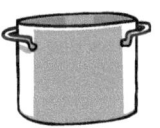

panela
kastrull

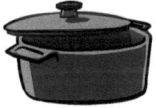

panela de ferro
järngryta

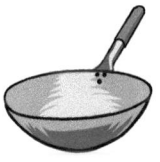

wok / kadai
wok / kadai

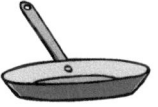

frigideira
stekpanna

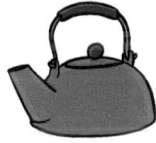

chaleira
vattenkokare

panela a vapor

ångkokare

tabuleiro de forno

bakplåt

louça

porslin

caneca

mugg

caçarola

skål

hashi

ätpinnar

concha de sopa

soppslev

espátula

stekspade

batedor

visp

escorredor

durkslag

peneira

sil

ralador

rivjärn

almofariz

mortel

churrasqueira

grill

lareira

brasa

tábua de cortar

skärbräda

rolo da massa

kavel

saca-rolhas

korkskruv

lata

burk

abridor de latas

burköppnare

pegador de panela

grytlapp

pia

vask

escova

borste

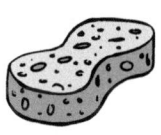

esponja

svamp

liquidificador

mixer

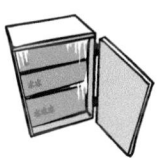

congelador

frys

mamadeira

nappflaska

torneira

kran

banheiro

badrum

ducha
dusch
aquecimento
värme
toalha
handduk
cortina de chuveiro
duschdraperi
banho de espuma
bubbelbad
banheira
badkar
copo
glas
lava-roupa
tvättmaskin
torneira
kran
azulejos
kakel
penico
potta
pia
vask

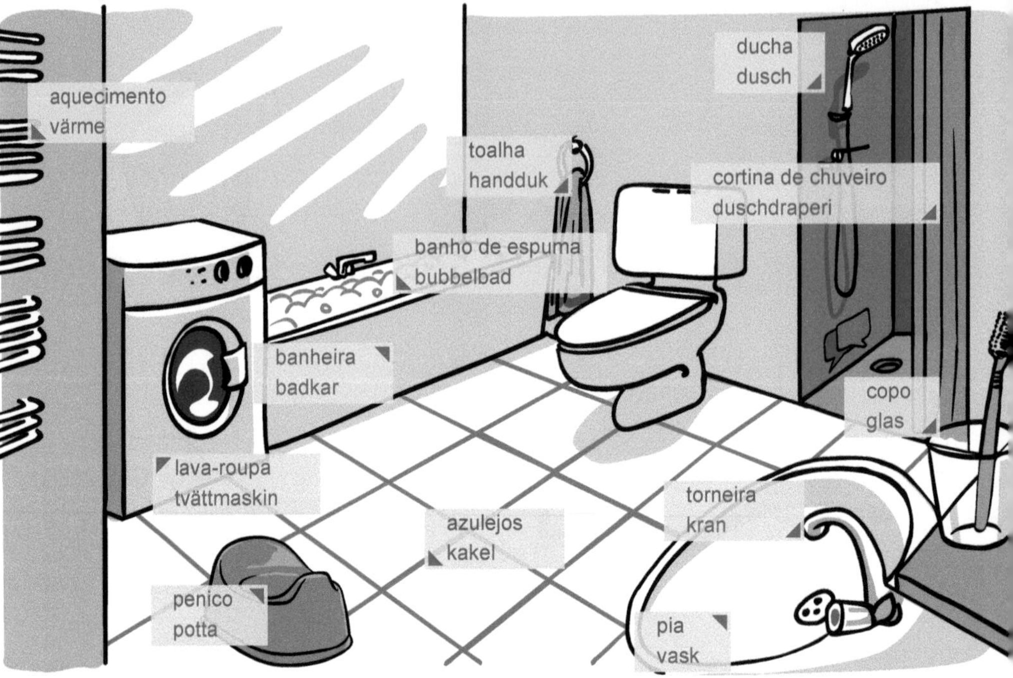

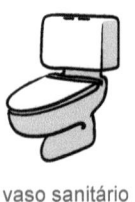

vaso sanitário

toalett

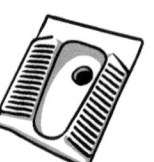

lavabo de agachar

låg toalett

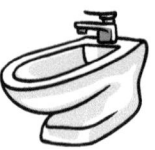

bidê

bidet

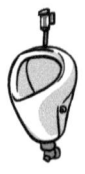

mictório

pissoar

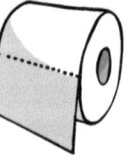

papel higiênico

toalettpapper

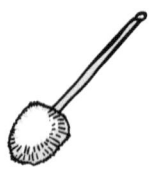

escova de privada

toalettborste

escova de dentes

tandborste

pasta de dentes

tandkräm

fio dental

tandtråd

lavar

tvätta

ducha de mão

handdusch

ducha íntima

intimdusch

bacia

handfat

escova para as costas

ryggborste

sabonete

tvål

gel de banho

duschgel

xampu

schampo

toalha de rosto

trasa

escoamento

avlopp

creme

crème

desodorante

deodorant

espelho

spegel

espelho de mão

handspegel

barbeador

rakhyvel

espuma de barbear

raklödder

loção pós-barba

rakvatten

pente

kam

escova

borste

secador de cabelo

hårtork

spray de cabelo

hårspray

maquiagem

smink

batom

läppstift

esmalte de unhas

nagellack

algodão

bomullsvadd

tesoura para unhas

nagelsax

perfume

parfym

nécessaire
necessär

banquinho
pall

balança
våg

roupão de banho
badrock

luvas de borracha
gummihandskar

absorvente interno
tampong

absorvente íntimo
binda

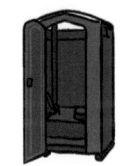

banheiro químico
kemisk toalett

quarto de criança

barnrum

despertador
väckarklocka
boneco de pelúcia
gosedjur
carrinho de brinquedo
leksaksbil
chacoalho
skallra
casa de bonecas
dockhus
presente
present

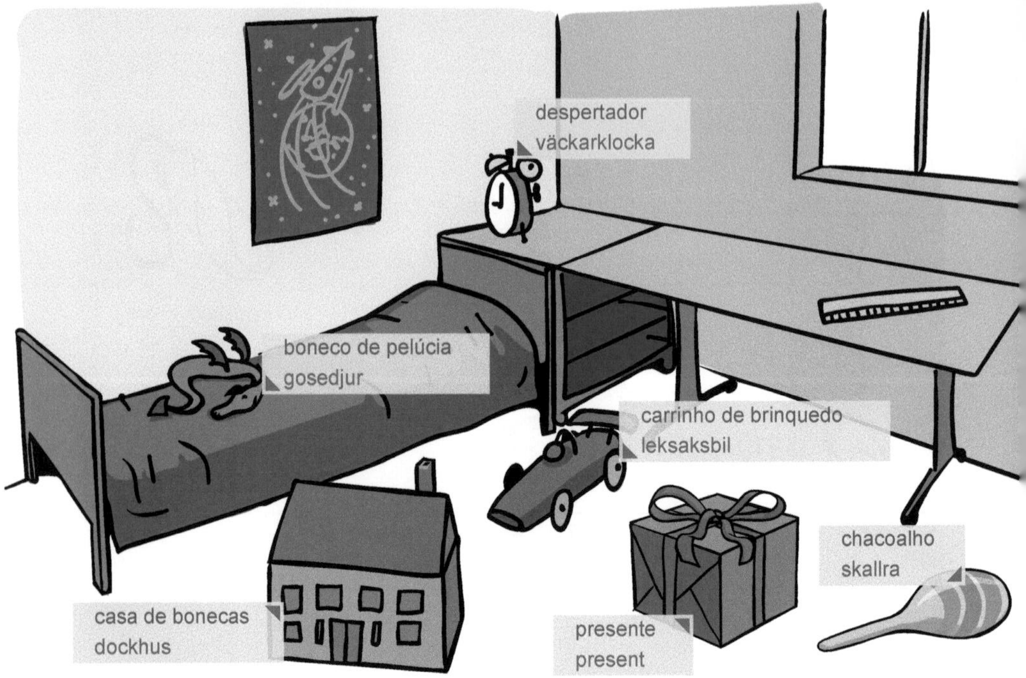

balão
ballong

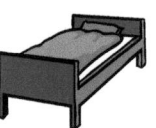

cama
säng

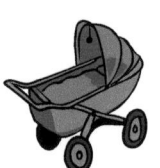

carrinho de bebê
barnvagn

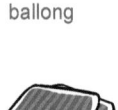

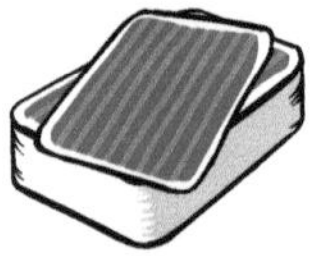

jogo de cartas
kortlek

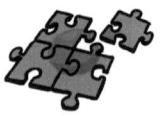

quebra-cabeças
pussel

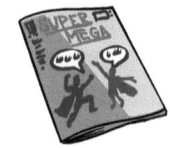

revista de quadrinhos
serietidning

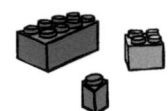

peças de Lego

legobitar

blocos de construção

klossar

figura de ação

actionfigur

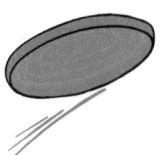

macaquinho de bebê

sparkdräkt

frisbee

frisbee

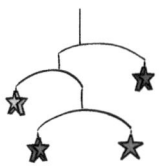

móbile para bebé

mobil

jogo de tabuleiro

brädspel

dados

tärning

trenzinho elétrico

modelljärnväg

chupeta

napp

festa

party

livro ilustrado

bilderbok

bola

boll

boneca

docka

brincar

spela

caixa de areia

sandlåda

balanço

gunga

brinquedos

leksaker

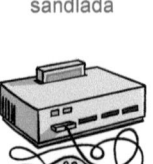

videogame

spelkonsol

triciclo

trehjuling

ursinho de pelúcia

nalle

guarda-roupa

garderob

vestuário
kläder

meias

sockar

meias pelo joelho

strumpor

meias-calças

tights

cachecol
halsduk

guarda-chuva
paraply

camiseta
t-shirt

cinto
bälte

chinelos
tofflor

botas
stövlar

tênis
sneakers

sandálias
sandaler

sapatos
skor

botas de borracha
gummistövlar

roupa de baixo
underbyxor

sutiã
BH

camiseta de baixo
linne

body
body

calças
byxor

jeans
jeans

saia
kjol

blusa
blus

camisa
skjorta

pulôver
pullover

suéter com capuz
sweater

blazer
blazer

jaqueta
jacka

casaco
kappa

gabardine
regnjacka

traje
dräkt

vestido
klänning

vestido de casamento
bröllopsklänning

terno

kostym

camisola

nattlinne

pijama

pyjamas

sari

sari

lenço de cabeça

slöja

turbante

turban

burca

burka

cafetã

kaftan

abaya

abaya

maiô

baddräkt

sunga

badbyxor

shorts

shorts

roupa de treino

träningsoverall

avental

förkläde

luvas

handskar

botão
knapp

óculos
glasögon

pulseira
armband

colar
halsband

anel
ring

brinco
örhänge

boné
mössa

cabide
galge

chapéu
hatt

gravata
slips

zíper
dragkedja

capacete
hjälm

suspensórios
hängslen

uniforme escolar
skoluniform

uniforme
uniform

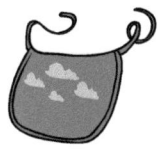

babador

haklapp

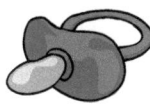

chupeta

napp

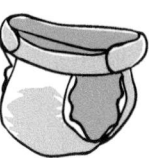

fralda

blöja

escritório
kontor

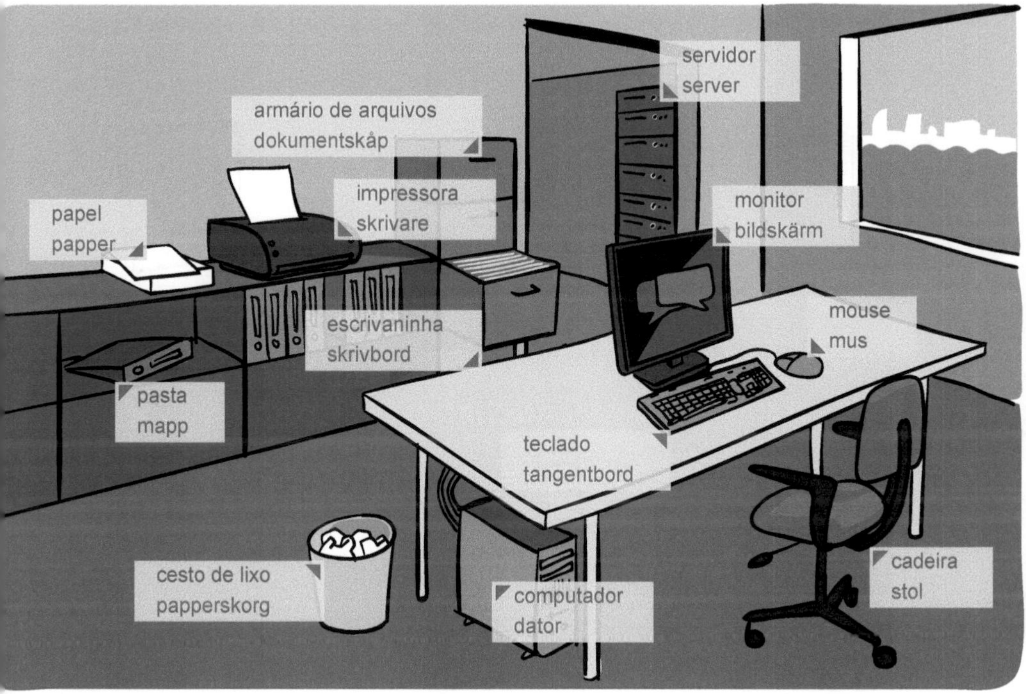
servidor
server
armário de arquivos
dokumentskåp
papel
papper
impressora
skrivare
monitor
bildskärm
mouse
mus
escrivaninha
skrivbord
pasta
mapp
teclado
tangentbord
cesto de lixo
papperskorg
computador
dator
cadeira
stol

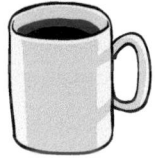

xícara de café

kaffemugg

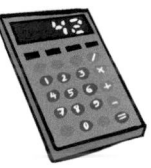

calculadora

miniräknare

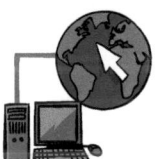

internet

internet

laptop

bärbar dator

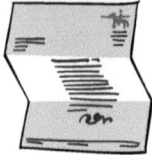

carta

brev

mensagem

meddelande

celular

mobiltelefon

rede

nätverk

copiadora

kopieringsapparat

software

programvara

telefone

telefon

tomada

vägguttag

fax

fax

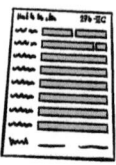

formulário

blankett

documento

dokument

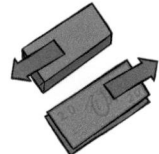

comprar
köpa

pagar
betala

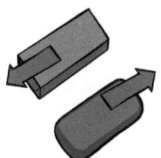

negociar
handla

dinheiro
pengar

USD

Dólar
dollar

EUR

Euro
euro

JPY

Yen
yen

RUB

rublo
rubel

CHF

franco suíço
schweizisk franc

CNY

renminbi yuan
renminbi yan

INR

rupia
rupie

caixa eletrônico
bankomat

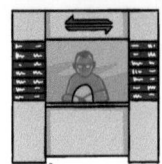

casa de câmbio

växelkontor

ouro

guld

prata

silver

petróleo

olja

energia

energi

preço

pris

contrato

kontrakt

imposto

skatt

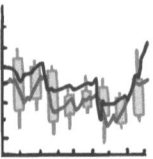

ação

aktie

trabalhar

arbeta

empregado

anställd

empregador

arbetsgivare

fábrica

fabrik

loja

affär

economia - ekonomi

profissões
yrken

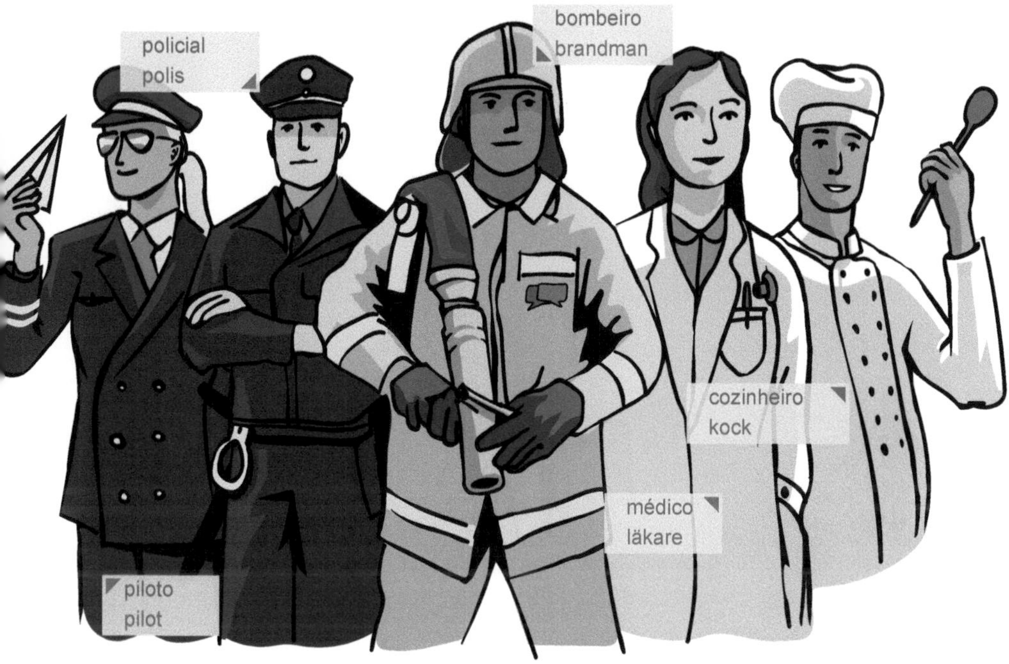
bombeiro
brandman
policial
polis
cozinheiro
kock
médico
läkare
piloto
pilot

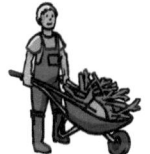

jardineiro

trädgårdsmästare

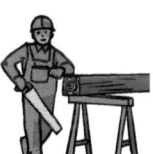

marceneiro

snickare

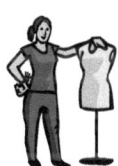

costureira

sömmerska

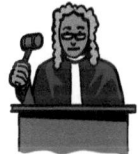

juiz

domare

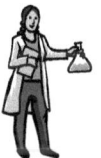

químico

kemist

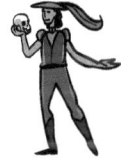

ator

skådespelare

motorista de ônibus

busschaufför

motorista de táxi

taxichaufför

pescador

fiskare

faxineira

städerska

telhador

takläggare

garçom

servitör

caçador

jägare

pintor

målare

padeiro

bagare

eletricista

elektriker

construtor

byggarbetare

engenheiro

ingenjör

açougueiro

slaktare

encanador

rörmokare

carteiro

brevbärare

soldado

soldat

arquiteto

arkitekt

caixa

kassör

florista

florist

cabelereiro

frisör

condutor

konduktör

mecânico

mekaniker

capitão

kapten

dentista

tandläkare

cientista

vetenskapsman

rabino

rabbin

imam

imam

monge

munk

pastor

präst

ferramentas

verktyg

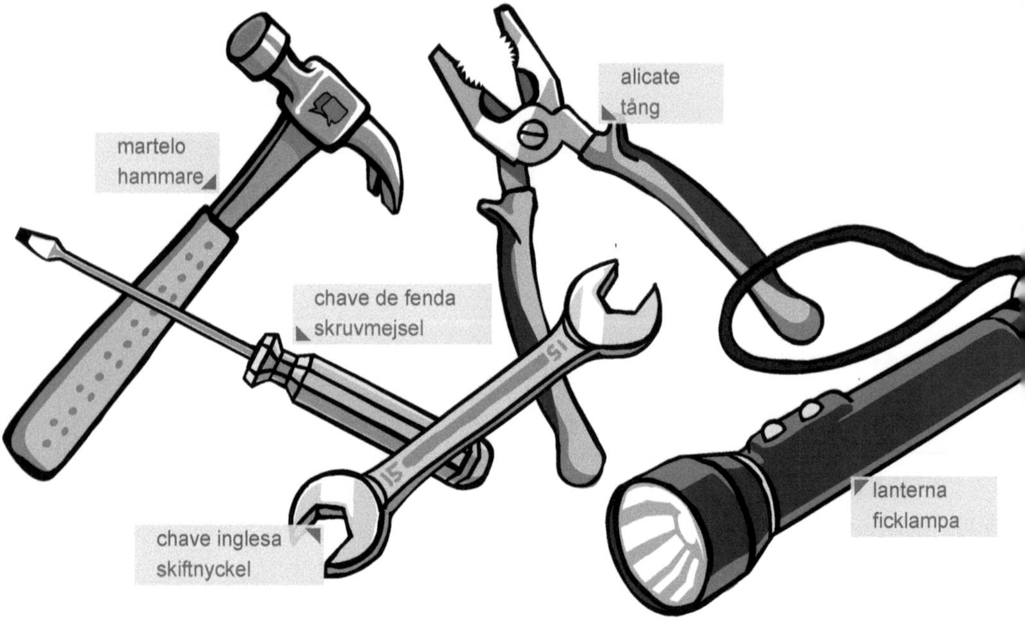

alicate
tång
martelo
hammare
chave de fenda
skruvmejsel
lanterna
ficklampa
chave inglesa
skiftnyckel

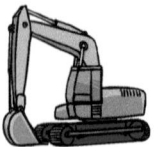

escavadora

grävmaskin

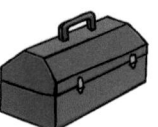

caixa de ferramentas

verktygslåda

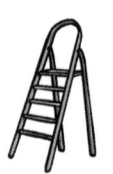

escada de mão

stege

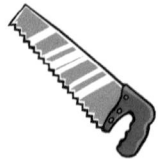

serra

såg

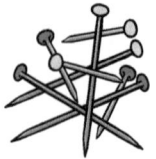

pregos

spik

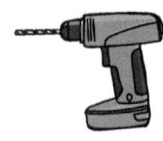

furadeira

borr

consertar
reparera

pá
spade

Droga!
Helvete!

pá de lixo
sopskyffel

pote de tinta
färgburk

parafusos
skruvar

instrumentos musicais
musikinstrument

bateria
trummor

alto-falante
högtalare

guitarra
gitarr

contrabaixo
kontrabas

trompete
trumpet

piano
piano

violino
violin

baixo
bas

timbales
timpani

tambor
trumma

teclado
keyboard

saxofone
saxofon

flauta
flöjt

microfone
mikrofon

zoológico

zoo

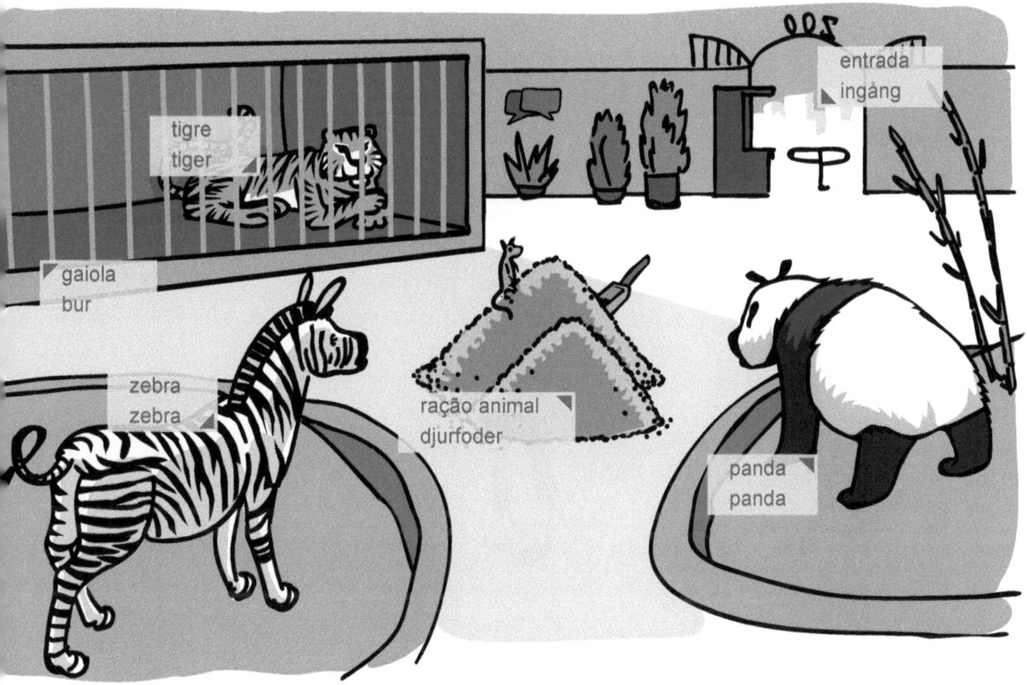

tigre
tiger
gaiola
bur
zebra
zebra
ração animal
djurfoder
panda
panda
entrada
ingång

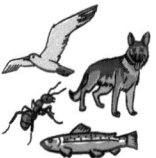

animais

djur

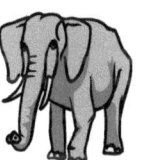

elefante

elefant

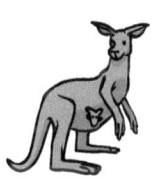

canguru

känguru

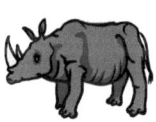

rinoceronte

noshörning

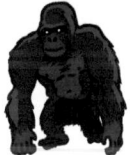

gorila

gorilla

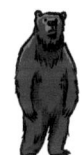

urso

björn

camelo

kamel

avestruz

struts

leão

lejon

macaco

apa

flamingo

flamingo

papagaio

papegoja

urso polar

isbjörn

pinguim

pingvin

tubarão

haj

pavão

påfågel

cobra

orm

crocodilo

krokodil

guarda do zoológico

djurskötare

foca

säl

jaguar

jaguar

zoológico - zoo

pônei

ponny

leopardo

leopard

hipopótamo

flodhäst

girafa

giraff

águia

örn

javali

vildsvin

peixe

fisk

tartaruga

sköldpadda

morsa

valross

raposa

räv

gazela

gazell

futebol americano
amerikansk fotboll

ciclismo
cykling

tênis
tennis

basquete
basket

natação
simning

boxe
boxning

hóquei no gelo
ishockey

futebol
fotboll

badminton
badminton

atletismo
friidrott

handebol
handboll

esqui
skidåkning

polo
polo

atividades
aktiviteter

rir
skratta
pular
hoppa
abraçar
krama
andar
gå
cantar
sjunga
sonhar
drömma
rezar
be
beijar
kyssa

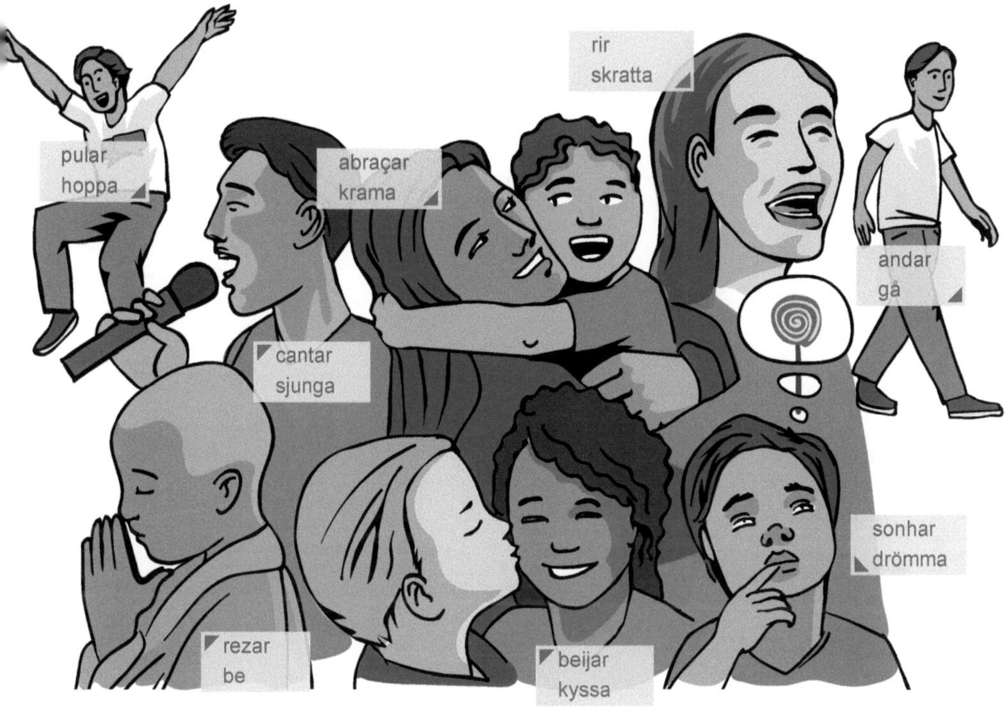

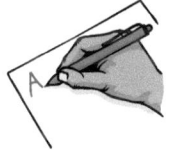

escrever

skriva

desenhar

rita

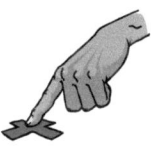

mostrar

visa

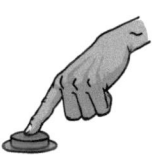

empurrar

skjuta

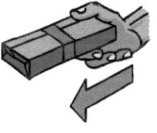

dar

ge

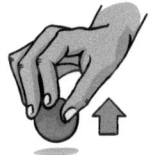

tomar

ta

ter
....
hagel

fazer
....
göra

ser
....
vara

ficar de pé
....
stå

correr
....
springa

puxar
....
dra

jogar
....
kasta

cair
....
falla

deitar
....
ligga

esperar
....
vänta

carregar
....
bära

sentar
....
sitta

vestir
....
klä på

dormir
....
sova

despertar
....
vakna

olhar para

se på

chorar

gråta

acariciar

smeka

pentear

kamma

falar

prata

entender

förstå

perguntar

fråga

ouvir

höra

beber

dricka

comer

äla

arrumar

städa

amar

älska

cozinhar

laga mat

dirigir

köra

voar

flyga

velejar

segla

calcular

räkna

ler

läsa

aprender

lära sig

trabalhar

arbeta

casar

gifta sig

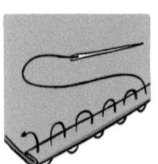

costurar

sy

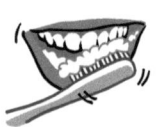

escovar os dentes

borsta tänderna

matar

döda

fumar

röka

enviar

skicka

vó
normor/farmor

avô
morfar/farfar

pai
pappa

mãe
mamma

bebê
baby

filha
dotter

filho
son

convidado
....
gäst

tia
....
moster/faster

tio
....
farbror/morbror

irmão
....
bror

irmã
....
syster

corpo

kropp

testa
panna
olho
öga
ombro
skuldra
dedo
finger
rosto
ansikte
queixo
haka
mão
hand
perna
ben
peito
bröst
braço
arm

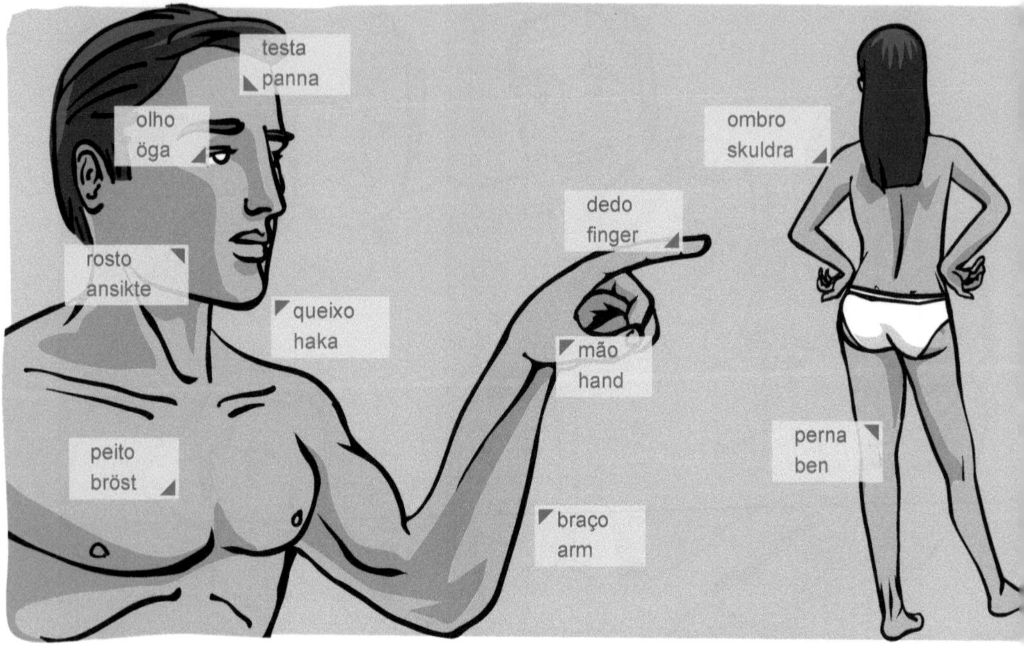

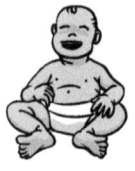

bebê

baby

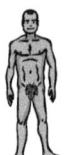

homem

man

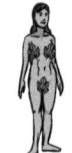

mulher

kvinna

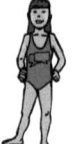

menina

flicka

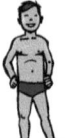

menino

pojke

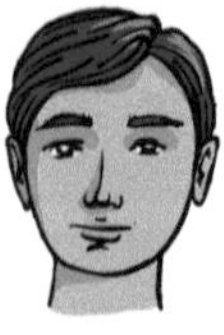

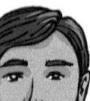

cabeça

huvud

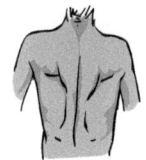

costas
rygg

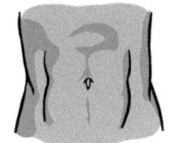

barriga
mage

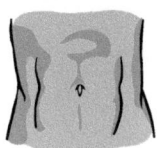

umbigo
navel

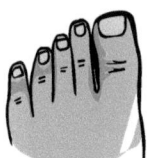

dedo do pé
tå

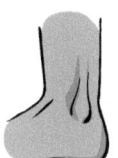

calcanhar
häl

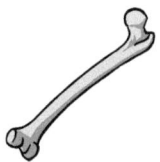

osso
ben

anca
höft

joelho
knä

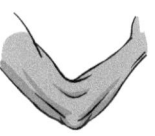

cotovelo
armbåge

nariz
näsa

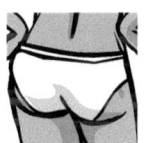

nádegas
stjärt

pele
hud

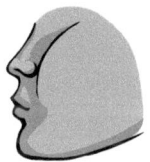

bochecha
kind

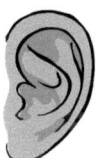

orelha
öra

lábio
läpp

boca

mun

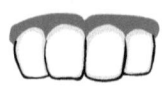

dente

tand

língua

tunga

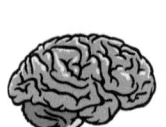

cérebro

hjärna

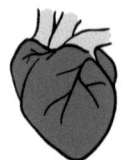

coração

hjärta

músculo

muskel

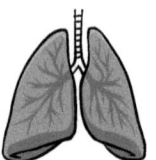

pulmão

lunga

fígado

lever

estômago

magsäck

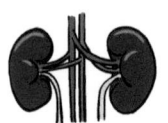

rins

njurar

relações sexuais

sex

preservativo

kondom

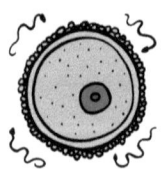

óvulo

äggcell

esperma

sperma

gravidez

graviditet

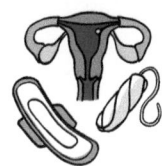

menstruação
menstruation

vagina
vagina

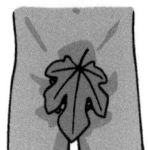

pênis
penis

sobrancelha
ögonbryn

cabelo
hår

pescoço
nacke

hospital

sjukhus

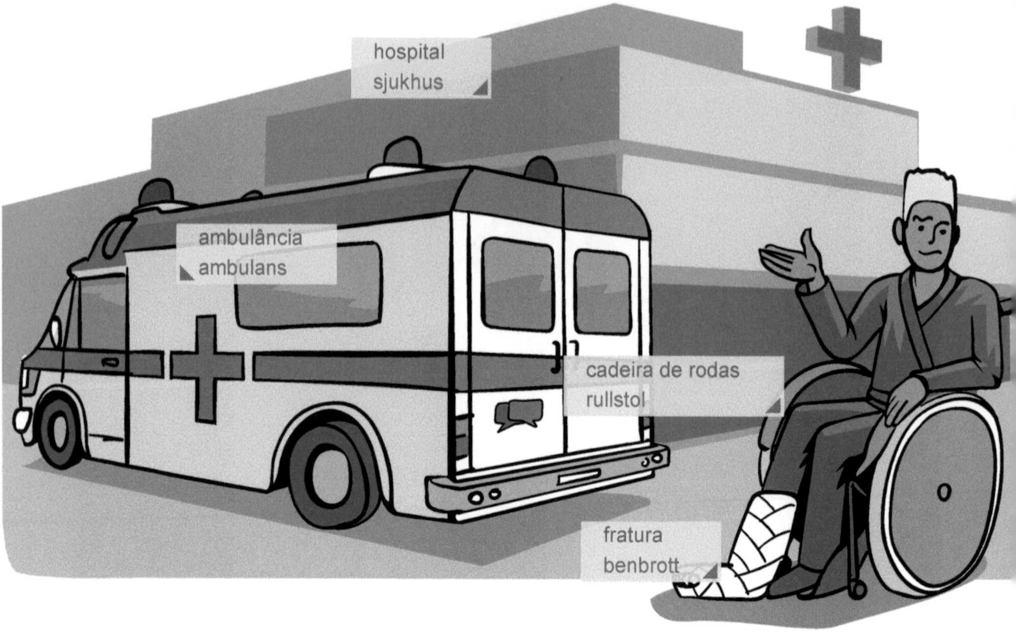

hospital
sjukhus
ambulância
ambulans
cadeira de rodas
rullstol
fratura
benbrott

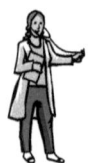

médico

läkare

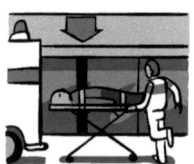

pronto-socorro

akutmottagning

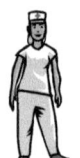

enfermeira

sjuksköterska

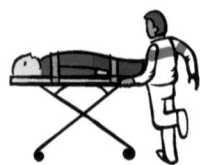

emergência

nödsituation

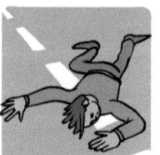

inconsciente

medvetslös

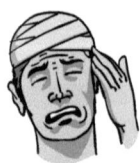

dor

smärta

ferimento

skada

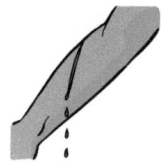

hemorragia

blödning

ataque cardíaco

hjärtattack

acidente vacular cerebral

slaganfall

alergia

allergi

tosse

hosta

febre

feber

gripe

influensa

diarreia

diarré

dor de cabeça

huvudvärk

câncer

cancer

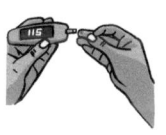

diabetes

diabetes

cirurgião

kirurg

bisturi

skalpell

operação

operation

CT

CT

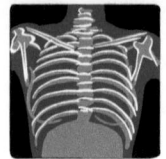

raio x

röntgen

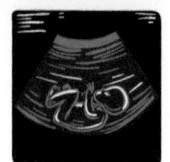

ultrassom

ultraljud

máscara

ansiktsmask

doença

sjukdom

sala de espera

väntsal

muleta

krycka

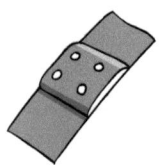

bandeide

plåster

ligadura

bandage

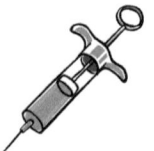

injeção

injektion

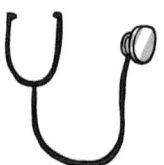

estetoscópio

stetoskop

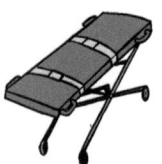

maca

bår

termômetro

termometer

nascimento

födsel

excesso de peso

övervikt

aparelho auditivo

hörapparat

desinfetante

desinfektionsmedel

infecção

infektion

vírus

virus

HIV / AIDS

HIV / AIDS

medicamento

medicin

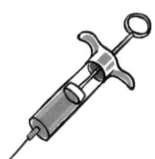

vacinação

vaccination

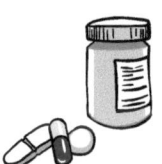

comprimidos

tabletter

pílula

p-piller

chamada de emergência

nödsamtal

dispositivo de medição de
pressão arterial

blodtrycksmätare

doente / saudável

sjuk / frisk

Socorro!

Hjälp!

alarme

alarm

assalto

överfall

ataque

misshandel

perigo

fara

saída de emergência

nödutgång

Fogo!

Det brinner!

extintor de incêndios

brandsläckare

acidente

olycka

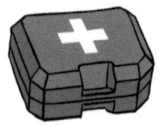

maleta de primeiros socorros

förbandslåda

SOS

SOS

polícia

polis

Europa

Europa

América do Norte

Nordamerika

América do Sul

Sydamerika

África

Afrika

Ásia

Asien

Austrália

Australien

Atlântico

Atlanten

Pacífico

Stilla Havet

Oceano Índico

Indiska Oceanen

Oceano Antártico

Antarktiska Oceanen

Oceano Ártico

Arktiska Oceanen

Polo Norte

Nordpol

Polo Sul
Sydpol

Antártica
Antarktis

Terra
Jorden

terra
land

mar
hav

ilha
ö

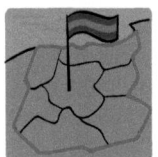

nação
nation

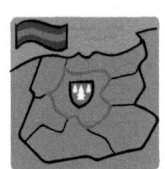

estado
stat

mostrador do relógio
urtavla

ponteiro das horas
timvisare

ponteiro dos minutos
minutvisare

ponteiro dos segundos
sekundvisare

Que horas são?
Vad är klockan?

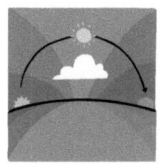

dia
dag

tempo
tid

agora
nu

relógio digital
digital klocka

minuto
minut

hora
timme

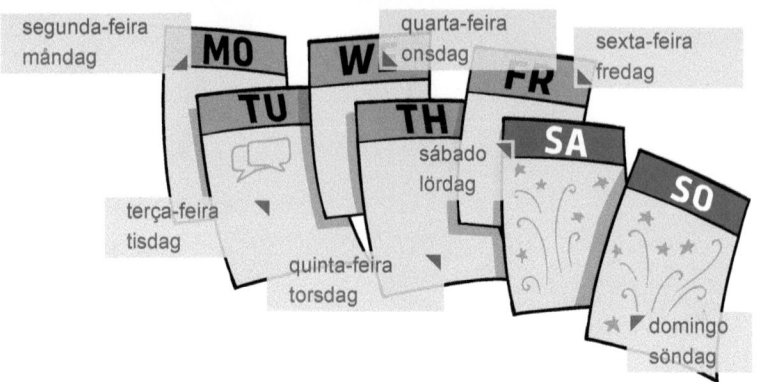

segunda-feira
måndag

quarta-feira
onsdag

sexta-feira
fredag

sábado
lördag

terça-feira
tisdag

quinta-feira
torsdag

domingo
söndag

ontem
igår

hoje
idag

amanhã
imorgon

manhã
morgon

meio-dia
middag

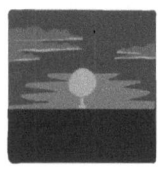

entardecer
kväll

MO	TU	WE	TH	FR	SA	SU
1	2	3	4	5	6	7
8	9	10	11	12	13	14
15	16	17	18	19	20	21
22	23	24	25	26	27	28
29	30	31	1	2	3	4

dias úteis
vardagar

MO	TU	WE	TH	FR	SA	SU
1	2	3	4	5	6	7
8	9	10	11	12	13	14
15	16	17	18	19	20	21
22	23	24	25	26	27	28
29	30	31	1	2	3	4

fim de semana
helg

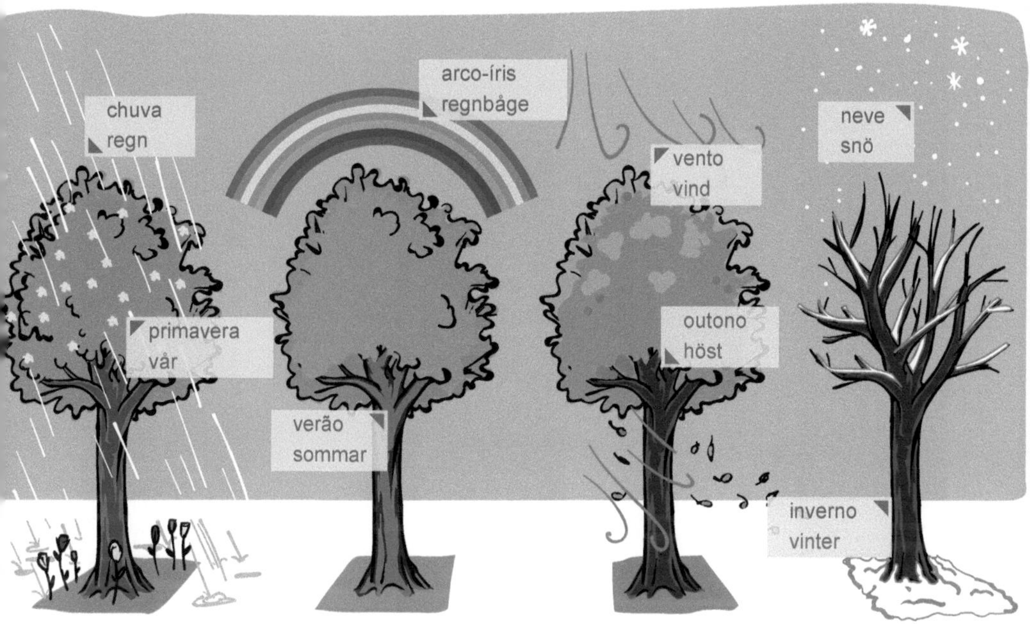

chuva
regn
arco-íris
regnbåge
vento
vind
neve
snö
primavera
vår
outono
höst
verão
sommar
inverno
vinter

4.APRIL 11°
5.APRIL 4°
6.APRIL 13°
7.APRIL 8°
8.APRIL 10°

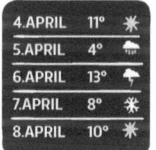

previsão do tempo
....
väderprognos

F C
120 40
90 30
60 20
30 10
0 0
-30 -10
-20

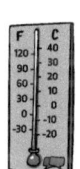

termômetro
....
termometer

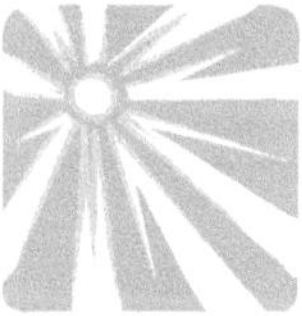

raio de sol
....
solsken

nuvem
....
moln

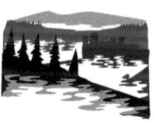

neblina / nevoeiro
....
dimma

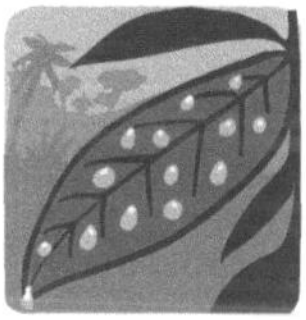

umidade do ar
....
luftfuktighet

relâmpago
blixt

trovão
åska

tempestade
storm

granizo
hagel

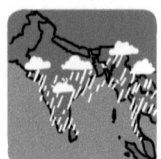

monção
monsun

inundação
översvämning

gelo
is

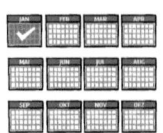

janeiro
januari

fevereiro
februari

março
mars

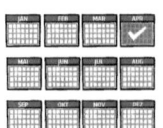

abril
april

maio
maj

junho
juni

julho
juli

agosto
augusti

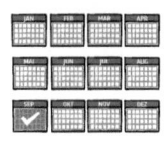

setembro
....
september

outubro
....
oktober

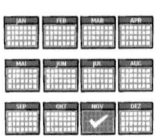

novembro
....
november

dezembro
....
december

formas
former

círculo
....
cirkel

quadrado
....
kvadrat

retângulo
....
rektangel

triângulo
....
triangel

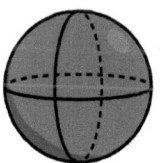

esfera
....
sfär

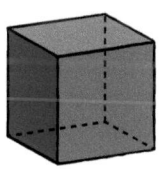

cubo
....
kub

branco
....
vit

amarelo
....
gul

laranja
....
orange

rosa
....
rosa

vermelho
....
röd

lilás
....
lila

azul
....
blå

verde
....
grön

marrom
....
brun

cinza
....
grå

preto
....
svart

muito / pouco

mycket / lite

furioso / tranquilo

arg / lugn

lindo / feio

vacker / ful

começo / fim

början / slut

grande / pequeno

stor / liten

claro / escuro

ljus / mörk

irmão / irmã

bror / syster

limpo / sujo

ren / smutsig

completo / incompleto

komplett / ofullständig

dia / noite

dag / natt

morto / vivo

död / levande

largo / estreito

bred / smal

comestível / não comestível	mau / gentil	entusiasmado / entediado
ätlig / oätlig	ond / god	upphetsad / uttråkad

gordo / magro	primeiro / último	amigo / inimigo
tjock / smal	först / sist	vän / fiende

cheio / vazio	duro / macio	pesado / leve
full / tom	hård / mjuk	tung / lätt

fome / sede	doente / saudável	ilegal / legal
hunger / törst	sjuk / frisk	olaglig / laglig

inteligente / idiota	esquerda / direita	perto / longe
intelligent / dum	vänster / höger	nära / långt bort

novo / usado
ny / begagnad

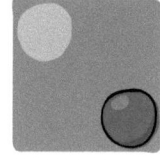

nada / alguma coisa
inget / något

velho / jovem
gammal / ung

ligado / desligado
på / av

aberto / fechado
öppen / stängd

baixo / alto
tyst / högljudd

rico / pobre
rik / fattig

certo / errado
rätt / fel

áspero / liso
grov / slät

triste / feliz
ledsen / glad

curto / longo
kort / lång

lento / rápido
långsam / snabb

molhado / seco
våt / torr

ameno / fresco
varm / sval

guerra / paz
krig / fred

números

siffror

0

zero

noll

1

um

ett

2

dois

två

3

três

tre

4

quatro

fyra

5

cinco

fem

6

seis

sex

7

sete

sju

8

oito

åtta

9

nove

nio

10

dez

tio

11

onze

elva

12

doze
tolv

13

treze
tretton

14

quatorze
fjorton

15

quinze
femton

16

dezesseis
sexton

17

dezessete
sjutton

18

dezoito
arton

19

dezenove
nitton

20

vinte
tjugo

100

cem
hundra

1.000

mil
tusen

1.000.000

milhão
miljon

inglês

engelska

inglês americano

amerikansk engelska

chinês mandarim

kinesisk mandarin

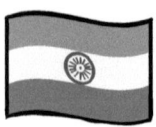

hindi

hindi

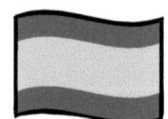

espanhol

spanska

francês

franska

árabe

arabiska

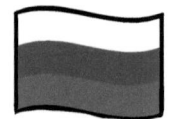

russo

ryska

português

portugisiska

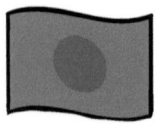

bengalês

bengali

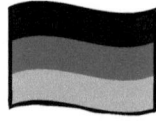

alemão

tyska

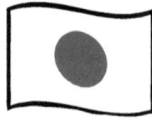

japonês

japanska

eu
jag

você
du

ele / ela
han / hon / den (det)

nós
vi

vocês
ni

eles / elas
de

quem?
vem?

O quê?
vad?

como?
hur?

onde?
var?

Quando?
när?

nome
namn

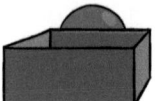

atrás

bakom

em

i

na frente de

framför

sobre

över

em cima

på

debaixo

under

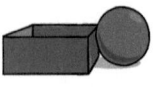

do lado

bredvid

entre

mellan

lugar

plats